ASBJØRNSEN

MOE

Norwegische Volksmärchen

Jörg. Moe.
P. Chr. Asbjörnsen.

Peter Christen ASBJØRNSEN
& Jørgen MOE

die PUPPE *im* GRASE

Norwegische Volksmärchen

Illustriert von
Kat Menschik

Aus dem Norwegischen übersetzt von
Friedrich Bresemann

Galiani Berlin

Inhalt

DER GERTRUDSVOGEL

Als unser Herr Christus und St. Petrus noch auf Erden einherwandelten, kamen sie einmal zu einer Frau, die bei ihrem Backtrog stand und den Teig knetete. Sie hieß Gertrud und hatte eine rote Mütze auf. Da beide den Tag über schon weit gegangen und daher sehr hungrig waren, bat der Herr Christus die Frau um ein Stückchen Brot. Ja, das sollte er haben, sagte sie und nahm ein Stückchen Teig und knetete es aus, aber da ward es so groß, dass es den ganzen Backtrog ausfüllte. Nein, das war allzu groß, das konnte er nicht bekommen. Sie nahm nun ein kleineres Stück, aber als sie es ausgeknetet hatte, war es ebenfalls zu groß geworden; das konnte er auch nicht bekommen. Das dritte Mal nahm sie ein ganz, ganz kleines Stück, aber auch das Mal wurde es wieder zu groß. »Ja, so kann ich euch nichts geben«, sagte Gertrud. »Ihr müsst daher ohne Mundschmack wieder fortgehen, denn das Brot wird ja immer zu groß.« Da ereiferte sich der Herr Christus und sprach: »Weil du ein so schlechtes Herz hast und mir nicht einmal ein Stückchen Brot gönnst, so sollst du zur Strafe dafür in einen Vogel verwandelt werden und deine Nahrung zwischen Holz und Rinde suchen, und nicht öfter zu trinken sollst du haben, als wenn es regnet.« Und kaum hatte er die Worte gesprochen, so war sie zum Gertrudsvogel verwandelt und flog oben zum Schornstein hinaus. Und noch den heutigen Tag sieht man sie herumfliegen mit einer roten Mütze auf dem Kopf und schwarz über dem ganzen Leib, denn der Ruß im Schornstein hatte sie geschwärzt. Sie hackt und pickt beständig in den Bäumen nach Essen und piept immer, wenn es regnen will, denn sie ist beständig durstig.

DAS KÄTZCHEN AUF DOVRE

Es war einmal ein Mann oben in Finnmarken, der hatte einen großen weißen Bären gefangen, den wollte er dem König von Dänemark bringen. Nun traf es sich so, dass er grade am Weihnachtsabend zum Dovrefjeld kam, und da ging er in ein Haus, wo ein Mann wohnte, der Halvor hieß; den bat er um Nachtquartier für sich und seinen Bären.

»Ach, Gott hilf mir!«, sagte der Mann. »Wie sollt ich wohl jemandem Nachtquartier geben können! Jeden Weihnachtsabend kommen hier so viele Trolle, dass ich mit den Meinigen ausziehen muss und selber nicht einmal ein Dach über dem Kopf habe.«

»O, Ihr könnt mich deswegen immer beherbergen«, sagte der Mann. »Denn mein Bär kann hier hinter dem Ofen liegen, und ich lege mich in den Bettverschlag.«

Halvor hatte nichts dagegen, zog aber selbst mit seinen Leuten aus, nachdem er zuvor gehörig für die Trolle hatte zurichten lassen: Die Tische waren besetzt mit Reisbrei, Stockfischen, Wurst und was sonst zu einem herrlichen Gastschmaus gehört.

Bald darauf kamen die Trolle an. Einige waren groß,

andere klein, einige lang geschwänzt, andere ohne Schwanz, und einige hatten ungeheuer lange Nasen, und alle aßen und tranken und waren guter Dinge. Da erblickte einer von den jungen Trollen den Bären, der unter dem Ofen lag, steckte ein Stückchen Wurst an die Gabel und hielt es dem Bären vor die Nase. »Kätzchen, magst auch Wurst?«, sagte er. Da fuhr der Bär auf, fing fürchterlich an zu brummen und jagte sie alle, Groß und Klein, aus dem Hause.

Das Jahr darauf war Halvor eines Nachmittags, so gegen Weihnachten hin, im Wald und haute Holz für den Heiligen; denn er erwartete wieder die Trollen. Da hörte er es plötzlich im Wald rufen: »Halvor! Halvor!« – »Ja!«, sagte Halvor. »Hast du noch die große Katze?«, rief's. »Ja«, sagte Halvor. »Jetzt hat sie sieben Jungen bekommen, die sind noch weit größer und böser als sie.« – »So kommen wir niemals wieder zu dir!«, rief der Troll im Walde. Und von der Zeit an haben die Trolle nie wieder den Weihnachtsbrei bei Halvor auf Dovre gegessen.

DIE PUPPE IM GRASE

Es war einmal ein König, der hatte zwölf Söhne. Als diese groß waren, sagte er zu ihnen, sie sollten fortreisen in die Welt und sich jeder eine Frau suchen, aber die sollte spinnen und weben und ein Hemd in einem Tag fertig nähen können, sonst wollte er sie nicht zur Schwiegertochter haben. Jedem von ihnen gab er ein Pferd und eine ganz neue Rüstung, und darauf reisten die Söhne fort in die Welt, um sich eine Frau zu suchen. Als sie aber eine Strecke Weges gereist waren, sagten sie, Aschenbrödel wollten sie nicht mithaben, denn der tauge doch zu nichts. Aschenbrödel musste nun zurückbleiben und wusste gar nicht, wie er's anfangen sollte. Da ward er sehr niedergeschlagen, stieg von seinem Pferd herunter und setzte sich ins Gras hin und weinte. Als er aber eine Weile gesessen hatte, bewegte sich der eine Grasbülten und es kam daraus eine kleine weiße Gestalt hervor, und als sie näher kam, sah Aschenbrödel, dass es ein niedliches kleines Mädchen war, aber ganz, ganz klein. Diese trat auf ihn zu und fragte ihn, ob er nicht die Puppe im Grase besuchen wolle. Ja, das wollte Aschenbrödel gern und ging mit ihr.

Als er hinunterkam, saß die Puppe im Grase auf einem Stuhl und war so schön und so geputzt. Sie fragte Aschenbrödel, wo er hinwolle und in welchem Geschäft er reise.

Er erzählte ihr nun, dass sie ihrer zwölf Brüder wären und dass der König, ihr Vater, jedem von ihnen ein Pferd und eine Rüstung gegeben und zu ihnen gesagt hätte, sie sollten in die Welt reisen und sich eine Frau suchen, die solle spinnen und weben und ein Hemd in einem Tag fertig nähen können. »Wenn du nun das kannst und meine Frau werden willst«, sagte Aschenbrödel, »dann will ich nicht weiterreisen.« Ja, das wollte sie gern und machte sich sogleich an die Arbeit, fing an zu spinnen und zu weben und nähte das Hemd in einem Tag fertig, aber es ward so klein, so klein, nicht länger als – so lang.

Damit reiste Aschenbrödel nach Hause. Als er aber das Hemd hervornahm, um es seinem Vater zu zeigen, war er ganz beschämt, weil es so klein war. Der König aber sagte, es machte nichts, er solle das kleine Mädchen heiraten, und darauf reiste Aschenbrödel froh und vergnügt zurück, um seine kleine Braut abzuholen. Wie er nun bei der Puppe im Grase ankam, wollte er sie zu sich auf sein Pferd nehmen, aber das wollte sie nicht, sondern sagte, sie wolle in einem silbernen Löffel fahren, mit zwei kleinen Schimmeln davor. So reisten sie nun fort, er auf seinem Pferd und sie in dem silbernen Löffel; die beiden Schimmel aber, die sie zogen, waren zwei kleine weiße Mäuse. Aschenbrödel hielt sich immer auf der andern Seite des

Weges, damit sein Pferd nicht auf seine Braut treten sollte, denn sie war so klein. Als sie eine Strecke Weges gereist waren, kamen sie zu einem großen Wasser; da ward Aschenbrödels Pferd scheu, sprang hinüber auf die andre Seite des Weges und schlug den Löffel um, sodass die Puppe im Grase ins Wasser fiel. Da ward Aschenbrödel sehr betrübt und wusste gar nicht, wie er sie erretten sollte. Es dauerte aber nicht lange, so tauchte ein Meermann mit ihr auf, und nun war sie so groß geworden wie ein anderes erwachsenes Frauenzimmer und noch weit schöner als zuvor. Da nahm Aschenbrödel sie vor sich auf sein Pferd und ritt mit ihr nach Hause.

Als er dort ankam, waren auch schon seine anderen Brüder, jeder mit seiner Braut, eingetroffen, aber die waren so hässlich und so böse, dass sie sich schon unterwegs mit ihren Brautmännern gezaust hatten. Auf dem Kopf trugen sie Hüte, die waren mit Teer und Ruß bestrichen, das war ihnen ins Gesicht herabgetröpfelt, sodass sie davon noch weit hässlicher und abscheulicher aussahen. Als nun die Brüder dagegen Aschenbrödels Braut erblickten, wurden sie alle neidisch auf ihn. Der König aber freute sich so sehr über die beiden, dass er all die anderen davonjagte. Darauf hielt Aschenbrödel mit der Puppe im Grase Hochzeit und lebte mit ihr vergnügt und zufrieden eine lange, lange Zeit, und wenn sie nicht gestorben sind, so leben sie noch.

DER BURSCH UND DER TEUFEL

Es war einmal ein Bursch, der ging auf einem Wege und knackte Nüsse, da fand er eine, die war wurmstichig, und im selben Augenblick begegnete ihm der Teufel. »Ist es wahr«, sagte der Bursch, »was man sagt, dass der Teufel sich so klein machen kann, als er will, und sich durch ein Nadelöhr zwängen?« – »Ja«, antwortete der Teufel. »O! Lass mich einmal sehen, und kriech in diese Nuss!«, sagte der Bursch wieder, und das tat der Teufel. Als er durch das Loch gekrochen war, schlug der Bursch einen Pflock hinein. »Nun hab' ich dich!«, sagte er und steckte die Nuss in die Tasche. Wie er nun ein Ende gegangen war, kam er zu einer Schmiede, da ging er hinein und bat den Schmied, er möchte ihm doch die Nuss entzweischlagen. »Ja, das soll leicht getan sein«, antwortete der Schmied und nahm seinen kleinsten Hammer, legte die Nuss auf den Amboss und schlug zu, aber sie wollte nicht entzwei. Da nahm er einen etwas größeren Hammer, aber der war auch noch nicht schwer genug; er nahm nun einen noch größeren, aber der tat's auch noch nicht. Da wurde der Schmied verdrießlich und nahm den großen Hammer. »Ich werde dich gleichwohl entzweikriegen«, sagte er und schlug zu, all was er konnte. Da zerplatzte die Nuss, dass das ganze Schmiededach abflog und es krachte, als ob die Hütte umstürzen wollte. »Ich glaube, der Teufel war in der Nuss!«, sagte der Schmied. »Ja, er war drin«, sagte der Bursch.

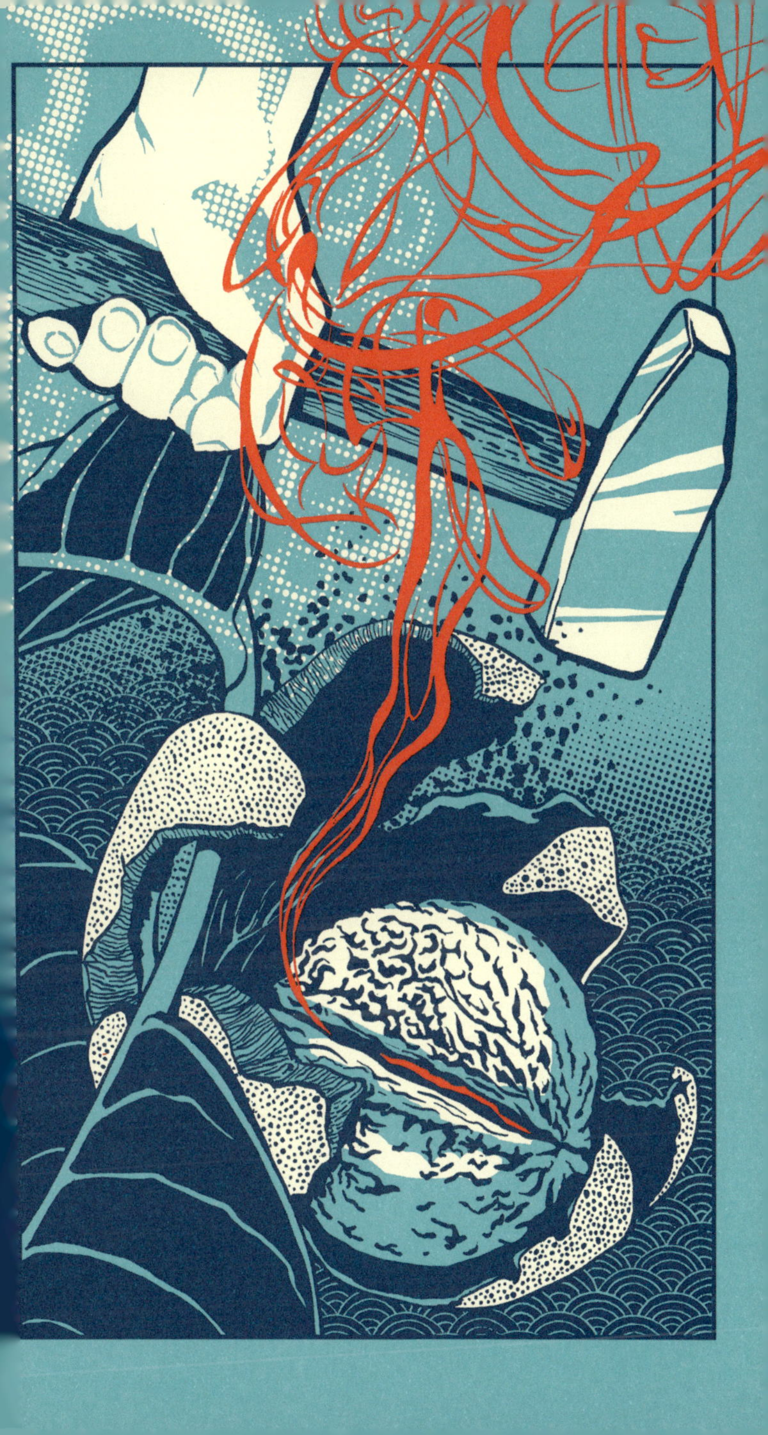

EINEM JEDEN GEFALLEN SEINE KINDER AM BESTEN

Ein Schütz ging einmal in einem Wald, da begegnete ihm die Bruchschnepfe. »Lieber Freund, schieß nicht meine Kinder!«, sagte die Schnepfe. »Was sind denn das für welche, deine Kinder?«, fragte der Schütz. »Die schönsten Kinder, die im Wald gehen, sind meine«, antwortete die Schnepfe. »Ich will sie denn nicht schießen«, sagte der Schütz. Als er aber zurückkehrte, hatte er ein ganzes Bündel junge Bruchschnepfen, die er alle geschossen hatte, in der Hand. »Au! au! Warum hast du dennoch meine Kinder geschossen?«, sagte die Schnepfe. »Waren diese denn deine?«, fragte der Schütz. »Ich schoss die hässlichsten, die ich fand.« – »Ach ja«, antwortete die Schnepfe: »Weißt du denn nicht, dass einem jeden seine Kinder am besten gefallen?«

EINE FREIERGESCHICHTE

Es war einmal ein Bursche, der ging aufs Freien aus. Da kam er unter anderem auch zu einer Kate, wo die Leute in purer Armut und Dürftigkeit lebten. Als aber der Freier kam, wollten sie gern wohlhabend scheinen, das kannst du glauben. Der Mann hatte einen neuen Ärmel in seine Jacke bekommen. »Setz dich nieder!«, sagte er zu dem Freier. »Aber es sieht hier überall so staubig aus!«, und damit ging er umher und wischte und staubte mit seinem neuen Jackenärmel überall die Bänke und Tische ab, den anderen Arm aber hielt er auf den Rücken. Die Frau hatte einen neuen Schuh bekommen, und mit dem stieß sie an alle Bänke und Stühle. »Es liegt hier so viel herum«, sagte sie. »Es sieht hier so unordentlich aus.« Darauf riefen sie die Tochter, sie sollte hereinkommen und aufräumen. Die hatte eine neue Mütze bekommen und steckte den Kopf zur Tür herein und nickte. »Ich kann denn doch auch nicht überall sein«, sagte sie. Ja, das waren rechte Wohlstandsleute, zu denen der Freier gekommen war.

DIE ZWÖLF WILDEN ENTEN

Es war einmal eine Königin, die fuhr einst bei Winterzeit, da frischer Schnee gefallen war, in einem Schlitten. Unterweges fing ihr die Nase an zu bluten, und sie musste daher aussteigen. Während sie nun dastand und sich an einen Zaun lehnte, betrachtete sie ihr rotes Blut in dem weißen Schnee; da dachte sie bei sich selbst: »Ich habe nun zwölf Söhne und keine einzige Tochter, hätte ich eine Tochter, so weiß wie Schnee und so rot wie Blut, dann wollt ich mich um die Söhne nicht weiter grämen.« Kaum hatte sie das so leise vor sich hin gesprochen, als plötzlich eine Trollhexe vor ihr stand. »Eine Tochter sollst du bekommen«, sagte sie. »Und die soll so weiß sein wie Schnee und so rot wie Blut, dann aber sollen deine Söhne mir gehören, jedoch kannst du sie so lange bei dir behalten, bis die Tochter getauft ist.«

Als nun die Zeit kam, da die Königin gebären sollte, gebar sie eine Tochter, die war weiß wie Schnee und rot wie Blut, so wie das Trollweib es ihr versprochen hatte, und darum nannte sie sie Schneeweiß und Rosenrot. Da war nun große Freude im Königsschloss,

und am meisten von allen freute sich die Königin. Als sie aber gedachte, was sie der alten Trollhexe versprochen hatte, ward ihr doch etwas wunderlich ums Herz, und sie schickte zu einem Silberschmied, der musste ihr zwölf silberne Löffel verfertigen, einen für jeden Prinzen, und für Schneeweiß und Rosenrot ließ sie auch einen machen. Wie nun die Prinzessin getauft war, wurden die Prinzen in zwölf wilde Enten verwandelt und flogen davon und wurden nicht mehr gesehen, fort waren sie, und fort blieben sie. Die Prinzessin wuchs indessen heran und wurde groß und außerordentlich schön, aber sie war immer so in sich selbst gekehrt und so schwermütig, und niemand konnte recht begreifen, was ihr fehlte. Eines Abends, als die Königin auch so betrübt dasaß und an ihre Söhne dachte, sagte sie zu Schneeweiß und Rosenrot: »Warum bist du immer so traurig, meine Tochter? Fehlt dir etwas, so sage es mir! Möchtest du vielleicht gern etwas haben, so sollst du es bekommen.« – »Ach, liebe Mutter«, versetzte Schneeweiß und Rosenrot, »es kommt mir hier immer so öde vor, alle andern Kinder haben Geschwister, aber ich habe keine, und darüber bin ich so betrübt.« – »Meine Tochter«, sagte die Königin, »du hast auch Geschwister gehabt, denn ich hatte zwölf Söhne, welche deine Brüder waren, aber ich habe sie alle dahingegeben, um dich zu bekommen«, und darauf erzählte sie ihr, wie sich alles zugetragen hatte.

Als die Prinzessin hörte, wie es ihren Brüdern ergangen war, hatte sie keine Ruhe länger zu Hause, und wie sehr die Mutter auch weinen und sie bitten mochte, es half alles nichts, sie wollte fort und musste fort, um ihre Brüder wieder aufzusuchen, denn sie glaubte, sie wäre allein schuld an ihrem Unglück, und darum verließ sie zuletzt heimlich das Schloss. Sie wanderte nun so weit in die Welt hinaus, dass du gar nicht glauben solltest, wie eine so zarte Jungfrau so weit zu wandern vermocht hätte.

Einmal war sie die ganze Nacht hindurch in einem großen Wald umhergeirrt, gegen Morgen aber wurde sie müde, setzte sich auf den Rasen hin und schlief ein. Da träumte ihr, sie ginge noch weiter in den Wald hinein, bis sie zu einer kleinen hölzernen Hütte kam, und dort drinnen waren ihre Brüder. Hierüber erwachte sie, und da sie vor sich einen gebahnten Fußsteig durch das grüne Moos sah, folgte sie diesem, bis sie tiefer im Walde zu einem hölzernen Häuschen kam, grade so, wie es ihr geträumt hatte.

Als sie hineintrat, war dort niemand, aber es standen da zwölf Betten und zwölf Stühle, und auf dem Tisch lagen zwölf Löffel, und von allen Sachen, die sich da vorfanden, waren immer zwölf Stücke. Die Prinzessin war nun voller Freude, denn sie konnte sich wohl denken, dass ihre Brüder da wohnen mussten und dass sie es waren, denen die Betten und die Stühle und die Löffel gehörten. Sie machte nun Feuer im Kamin an, fegte die Zimmer und machte die Betten, danach kochte sie Essen und putzte alles aufs Beste auf. Und als sie mit dem Kochen fertig war und für alle ihre Brüder zugerichtet hatte, setzte sie sich selber hin und aß, legte dann ihren Löffel auf den Tisch und kroch unter das Bett des jüngsten Bruders.

Kaum war sie hinuntergekrochen, so hörte sie ein gewaltiges Sausen in der Luft, und bald darauf kamen zwölf wilde Enten angeflogen, aber sowie sie über die Türschwelle kamen, verwandelten sie sich augenblicklich in die Prinzen, ihre Brüder. »Ach, wie gut hier alles aufgeräumt und wie es hier so schön warm ist!«, sagten sie. »Gott lohne dem, der uns die Stube so schön geheizt und so herrliches Essen für uns gekocht hat!« und darauf nahm jeder seinen silbernen Löffel, um damit zu essen, aber wie jeder den seinigen genommen hatte, blieb doch noch einer zurück, und der war den übrigen so ähnlich, dass sie ihn nicht davon unterscheiden konnten. Da sahen die Prinzen einander an und verwunderten sich sehr. »Das ist der Löffel unsrer Schwester«, sagten sie. »Und ist der Löffel hier, so kann sie selber auch nicht weit sein.«

»Ist es unsre Schwester, und sie findet sich hier«, sagte der Älteste, »so soll sie getötet werden, denn sie ist schuld an all unserm Unglück.« – »Nein«, sagte der Jüngste, »es wäre Sünde, sie zu töten, sie kann ja nichts dafür, dass wir Übles erdulden, sollte jemand daran schuld sein, so ist es niemand anders als unsere eigene Mutter.«

Sie fingen nun an zu suchen, sowohl oben als unten, und zuletzt suchten sie auch unter allen Betten, und als sie zu dem Bett des jüngsten Prinzen kamen, fanden sie die Prinzessin und zogen sie hervor. Der älteste Prinz wollte nun wieder, sie sollte getötet werden, aber sie bat gar zu flehentlich und sagte: »Ach, tötet mich doch nicht! Ich bin viele Jahre lang herumgewandert, um euch aufzusuchen, und wenn ich euch erlösen könnte, wollte ich gern mein Leben dafür lassen.« – »Ja, wenn du uns erlösen willst«, sagten sie, »so sollst du das Leben behalten, denn wenn du willst, so kannst du es.« – »Ja, sagt mir nur, wie ich es machen soll, dann will ich alles tun, was ihr verlangt«, sagte die Prinzessin. »Dann musst du die Dunen von der Butterblume sammeln«, sagten die Prinzen. »Und die musst du kratzen und spinnen und weben, und wenn das Gewebe fertig ist, musst du es zuschneiden und zwölf Mützen, zwölf Hemden und zwölf Halstücher davon machen, für jeden von uns ein Stück, aber in der Zeit, dass du damit beschäftigt bist, darfst du weder sprechen noch weinen noch lachen; kannst du das, so sind wir erlöst.« – »Wo soll ich aber die vielen Dunen zu all den Hemden, Mützen und Tüchern herbekommen?«, fragte Schneeweiß und Rosenrot. »Das sollst du schon erfahren«, sagten die Prinzen, und darauf führten sie sie hinaus auf eine große, große Wiese; da standen so viele Butterblumen mit weißen Dunen, die nickten im Winde und glänzten im Sonnenschein, dass man den Glanz schon weit in der Ferne sehen konnte. Noch nie hatte die Prinzessin zuvor so viele Butterblumen gesehen, und sie fing sogleich an zu pflücken und zu sammeln, so viel sie nur fortschaffen konnte, und als sie am Abend zu Hause kam, begann sie sogleich, die Dunen zu kratzen und Garn davon zu spinnen. So fuhr sie eine lange Zeit fort, sie sammelte jeden Tag die Dunen der Butterblumen und kratzte und spann sie, und dabei wartete sie zugleich den Prinzen auf. Sie kochte für sie und machte ihnen die Betten, und jeden Abend kamen ihre Brüder als wilde Enten nach Hause geflogen, und des Nachts waren sie Prinzen, des Morgens aber flogen sie wieder als wilde Enten davon.

Nun geschah es einmal, als Schneeweiß und Rosenrot auf die Wiese gegangen war, um sich Dunen von der Butterblume zu sammeln – wenn ich nicht irre, so war es das letzte Mal, dass sie welche sammeln wollte –, dass der junge König, der das Land regierte, auf der Jagd war und nach der Wiese ritt, wo Schneeweiß und Rosenrot war. Als der König sie erblickte, wunderte er sich sehr über die schöne Jungfrau, welche da ging und die Dunen der Butterblume sammelte. Er hielt still und redete sie an, da er aber keine Antwort von ihr erhielt, ward seine Verwunderung noch größer, und weil ihm das Mädchen so wohl gefiel, wollte er sie mit sich auf sein Schloss führen und sie zu seiner Gemahlin nehmen. Er gab daher seinen Dienern den Befehl, sie auf sein Pferd zu setzen; Schneeweiß und Rosenrot aber rang ihre Hände und deutete auf die Säcke, worin sie ihre Arbeit hatte, und als der König begriffen hatte, was sie meinte, befahl er seinen Dienern, auch die Säcke mit aufzuladen. Als das geschehen war, gab die Prinzessin sich nach und nach zufrieden, denn der König war ein sehr schöner Mann, und er war so sanft und so freundlich gegen sie. Als sie aber aufs Schloss kamen und die alte Königin,

die Stiefmutter des jungen Königs, Schneeweiß und Rosenrot erblickte, ward sie so neidisch und so aufgebracht über ihre große Schönheit und sagte zum König: »Siehst du denn nicht, dass es eine Trollhexe ist, die du mitgebracht hast? Denn sie kann ja weder sprechen noch lachen noch weinen.« Der König aber bekümmerte sich nicht darum, was seine Mutter sagte, sondern hielt Hochzeit mit der schönen Jungfrau und lebte mit ihr herrlich und vergnügt, sie aber unterließ nicht, fortwährend an den Hemden zu nähen.

Ehe das Jahr um war, kam Schneeweiß und Rosenrot mit einem Prinzen nieder, darüber wurde die alte Königin noch neidischer und noch mehr erbittert, und als es Nacht wurde, schlich sie sich, während die junge Königin schlief, in ihr Zimmer, nahm ihr das Kind weg und warf es in die Schlangengrube; danach schnitt sie sie in den Finger, bestrich ihr mit dem Blute den Mund und ging dann hinein zum König und sprach: »Komm jetzt und sieh, was es für eine ist, die du zur Gemahlin genommen hast, jetzt hat sie ihr eignes Kind gefressen.« Da ward der König so betrübt, dass er beinahe Tränen vergoss, und er sagte: »Ja, es muss wohl wahr sein, weil ich es vor meinen eignen Augen sehe, aber sie tut es gewiss nicht wieder; dieses Mal will ich sie schonen.«

Ehe das Jahr um war, gebar die Königin wieder einen Sohn, und mit diesem ging es ebenso wie mit dem ersten. Die Stiefmutter des Königs ward diesmal noch neidischer und noch mehr erbittert, sie schlich sich in der Nacht wieder in das Zimmer der jungen

Königin, während diese schlief, nahm ihr das Kind weg und warf es in die Schlangengrube, schnitt darauf die Königin in den Finger, bestrich ihr mit dem Blute den Mund und sagte dann zum König, seine Gemahlin hätte wieder ihr eignes Kind gefressen. Da ward der König so betrübt, dass du's gar nicht glauben kannst, und er sagte: »Ja, es muss wohl wahr sein, weil ich es vor meinen eignen Augen sehe, aber sie wird es gewiss nicht wieder tun; dieses eine Mal will ich sie noch schonen.«

Ehe das Jahr wieder um war, kam Schneeweiß und Rosenrot mit einer Tochter danieder, und die nahm die alte Königin ebenfalls und warf sie in die Schlangengrube, während die junge Königin schlief, schnitt sie in den Finger, bestrich ihr mit dem Blute den Mund und ging dann wieder zum König und sprach: »Komm jetzt und siehe, ob es nicht wahr ist, was ich sage, dass sie eine Trollhexe ist, denn jetzt hat sie auch ihr drittes Kind aufgefressen.« Da ward der König so betrübt, dass es gar nicht zu sagen ist, denn jetzt konnte er sie nicht länger schonen, sondern musste den Befehl geben, sie lebendig zu verbrennen. Als nun der Scheiterhaufen in Flammen stand und sie hinaufsteigen sollte, gab sie durch Mienen und Gebärden zu verstehen, sie sollten zwölf Bretter nehmen und sie um den Scheiterhaufen legen, und darauf legte sie die Hemden und die Mützen und die Tücher ihrer Brüder, aber an dem Hemd des jüngsten Bruders fehlte noch der linke Arm, den hatte sie nicht fertig bekommen können. Kaum war dies geschehen, so hörte man

ein Sausen und ein Brausen in der Luft, und darauf kamen zwölf wilde Enten über den Wald her geflogen, und jede von ihnen nahm ein Hemd, eine Mütze und ein Halstuch in den Schnabel und flog damit fort. »Siehst du nun«, sagte die böse Stiefmutter zu dem König, »dass sie eine Trollhexe ist? Mach jetzt schnell und verbrenne sie, ehe die Flammen das Holz verzehren.« – »Damit hat's noch keine Eile«, sagte der König. »Denn Holz haben wir genug, und ich habe große Lust, zu sehen, was das Ende hiervon sein wird.« In demselben Augenblick kamen die Prinzen geritten, so schön und so wohlgebildet, wie man sie nur sehen kann, der jüngste Prinz aber hatte anstatt des linken Arms einen Entenflügel. »Was habt ihr hier vor?«, fragten die Prinzen. »Meine Gemahlin soll verbrannt werden«, sagte der König, »weil sie eine Trollhexe ist und ihre eignen Kinder gefressen hat.« – »Sie hat ihre Kinder nicht gefressen«, sagten die Prinzen. »Sprich jetzt, Schwester! Nun hast du uns errettet, errette jetzt dich selbst!« Da sprach Schneeweiß und Rosenrot und erzählte, wie alles sich zugetragen hatte und dass jedes Mal, wenn sie ins Kindbette gekommen, die alte Königin sich in ihr Zimmer geschlichen und ihr das Kind weggenommen und sie danach in den Finger geschnitten und ihr mit dem Blute den Mund bestrichen hätte. Und die Prinzen nahmen den König und führten ihn hinaus zu der Schlangengrube, da lagen die drei Kinder und spielten mit den Schlangen und den Nattern, und schönere Kinder, als die waren, konnte man gar nicht sehen. Da nahm der König sie mit sich und brachte sie zu seiner Stiefmutter und fragte sie, was der wohl für eine Strafe verdient hätte, der im Sinne gehabt, eine unschuldige Königin und drei so allerliebste Kinder zu verraten. »Der verdiente, dass er von zwölf wilden Pferden in Stücke zerrissen würde«, sagte die alte Königin. »Du hast selbst das Urteil gesprochen, und selber sollst du die Strafe erleiden«, sagte der König, und darauf wurde die alte, böse Königin an zwölf wilde Pferde gebunden und in Stücke zerrissen. Schneeweiß und Rosenrot aber reiste mit dem König, ihrem Gemahl, und ihren Kindern und den zwölf Prinzen, ihren Brüdern, nach Hause zu ihren Eltern und erzählte ihnen, was ihr alles begegnet war, und nun war lauter Freude und Jubel im ganzen Königreich, weil die Prinzessin errettet war und sie auch ihre zwölf Brüder erlöst hatte.

DÄUMERLING

Es war einmal eine Frau, die hatte nur einen einzigen Sohn, der war aber nicht größer als ein Daumen, und darum nannten sie ihn Däumerling. Als er nun zu Jahren und zu Verstand gekommen war, sagte die Mutter zu ihm, jetzt müsse er daran denken, sich eine Frau zu nehmen. Ja, Däumerling war's zufrieden, und die Mutter setzte sich mit ihm auf den Wagen, und sie fuhren gradeswegs nach des Königs Schloss; denn da war eine Prinzessin, die war außerordentlich groß, und um die sollte Däumerling freien. Als sie nun ein Ende gefahren waren, da war Däumerling plötzlich verschwunden. Die Mutter suchte ihn überall und rief ihn beim Namen. »Pip, pip!«, sagte Däumerling und hatte sich in der Mähne des Pferdes versteckt. Als er wieder zum Vorschein kam, musste er der Mutter versprechen, dass er sich nicht öfter verstecken wolle. Wie sie aber ein Ende weiter gekommen waren, da war Däumerling wieder verschwunden. Die Mutter suchte ihn und rief ihn bei Namen und weinte und jammerte, aber Däumerling war fort. »Pip, pip!«, sagte er und lachte und kicherte, aber sie konnte ihn das Mal nicht finden. »Pip, pip!

Hier bin ich!«, sagte Däumerling und kroch aus dem Ohr des Pferdes hervor. Nun musste er der Mutter heilig versprechen, dass er sich nicht öfter verstecken wolle, aber es dauerte nicht lange, so war er abermals fort. Die Mutter suchte ihn wieder überall und weinte und rief ihn bei Namen, aber alles war umsonst, Däumerling war fort. »Pip, pip! Hier bin ich«, wisperte es plötzlich, aber die Mutter konnte gar nicht begreifen, wo es war, denn es hörte sich so undeutlich an, sie suchte fortwährend, und er sagte immer: »Pip, pip! Hier bin ich!«, und lachte und freute sich, weil sie ihn nicht finden konnte. Plötzlich aber fing das Pferd an zu niesen, und da nieste es Däumerling aus, denn er hatte sich in einer der Nüstern versteckt. Nun konnte sich die Mutter nicht anders helfen, als dass sie ihn in einen Beutel steckte, denn sie wusste wohl, dass er die Narrenpossen doch nicht lassen würde. So kamen sie denn auf dem Schloss an. Die Prinzessin konnte den kleinen, hübschen Burschen wohl leiden und verlobte sich mit ihm, und bald darauf ward die Hochzeit.

Als sie sich nun zur Tafel setzten, nahm Däumerling seinen Platz neben der Prinzessin, aber er war übel daran, denn als er zulangen wollte, konnte er nicht an den Teller reichen und hätte gewiss keinen einzigen Bissen bekommen, wenn die Prinzessin ihn nicht vom Stuhl genommen und auf den Tisch gesetzt hätte. Solange er nun da vom Teller aß, ging das Ding gut, als aber nachher die große Schüssel mit Grütze hereinkam, da konnte er wieder nicht ankommen; er wusste sich aber zu helfen und setzte sich auf den breiten Rand. Nun war aber in der Mitte der Schüssel eine Grube mit Butter zum Eintunken, und so weit konnte er nicht reichen, er ging daher über die Grütze und setzte sich dicht an den Rand der Butter. Nun nahm die Prinzessin einen großen Löffel voll Grütze und wollte ihn in die Butter tunken, aber da versah sie's und stieß an Däumerling, sodass er hinunterfiel in die Butter und ertrank.

DIE LÜGENPROBE

Es war einmal ein König, der hatte eine Tochter, die konnte so gewaltig lügen, dass keiner es darin mit ihr aufnehmen konnte. Da ließ der König bekannt machen, dass derjenige, welcher so lügen könne, dass die Prinzessin nichts mehr dagegen zu lügen wüsste, sie und das halbe Reich haben sollte. Es kamen darauf viele an den Hof und machten den Versuch, denn alle wollten gern die Prinzessin und das halbe Reich haben; aber sie kamen alle schlecht davon. Nun waren aber auch drei Brüder, und die wollten ebenfalls ihr Glück versuchen. Zuerst kamen die beiden Ältesten, aber es ging ihnen nicht besser als all den Übrigen. Zuletzt machte Aschenbrödel sich auf, und als er ankam, traf er die Prinzessin im Stall. »Guten Tag!«, sagte er. »Schönen Dank«, sagte sie. »Ihr habt doch nicht einen so großen Stall als wir, denn wenn der Hirt an dem einen Ende steht und auf dem Bockshorn bläst, kann man's nicht hören am andern Ende.« – »Das ist auch was Rechtes!«, sagte Aschenbrödel. »Unsrer ist weit größer, denn wenn eine Kuh an dem einen Ende trächtig wird, kalbt sie erst an dem andern.« – »Haha!«, sagte die Prinzessin. »Aber ihr

habt doch nicht einen so großen Ochsen als wir; denn wenn auf jedem Horn einer sitzt mit einer Messstange, so können sie doch einander nicht ablangen.« – »Da kommst du schön an!«, sagte Aschenbrödel. »Wir haben einen Ochsen, der ist so groß, dass wenn einer auf jedem Horn sitzt und auf dem Haberrohr bläst, sie einander doch nicht hören können.« – »Na so!«, sagte die Prinzessin. »Aber ihr habt doch nicht so viel Milch als wir, denn wir melken unsre Milch in große Eimer und tragen sie in große Kessel hinein und machen Käse, so groß wie Tonnen.« – »Und wir«, sagte Aschenbrödel, »wir melken unsre Milch in große Kübel und fahren sie mit dem Wagen ins Haus und gießen sie in große Braupfannen und machen Käse, so groß wie Häuser, und dann haben wir ein buntscheckiges Mutterpferd, das den Käse zusammentritt; einmal aber fohlte es in dem Käse, und als wir sieben Jahr davon gegessen hatten, trafen wir auf ein großes buntscheckiges Pferd; mit dem sollte ich mal nach der Mühle fahren, aber da brach ihm eine Rippe entzwei; nun wusste ich keinen andern Rat, sondern nahm eine Tanne und setzte sie ihm ein statt der Rippe, und eine andre Rippe hat's nachher nicht gehabt, solange wir es hatten. Nun schoss aber die Tanne auf und wuchs aus dem Rücken heraus und ward so groß, dass ich daran zum Himmel hinaufklettern konnte. Da kam ich zu der Jungfrau Maria, die saß da und spann Borstenstricke von Mehlbrei. Wie ich nun dastand und zusah, brach unten die Tanne ab, und nun konnte ich nicht wieder herunter; aber die Jungfrau Maria ließ mich an einem der

Stricke hinabgleiten, und da kam ich in einem Fuchsloch an; da saßen meine Mutter und dein Vater und flickten Schuh; aber eh ich's mir versah, schlug meine Mutter deinen Vater, dass ihm die Perücke vom Kopf flog.« – »Das lügst du«, sagte die Prinzessin, »denn das hat mein Vater nie getan.«

DAS HUHN, DAS NACH DEM DOVREFJELD WOLLTE, DAMIT NICHT DIE WELT VERGEHEN SOLLTE

Es war einmal ein Huhn, das war abends auf eine Eiche geflogen und hatte sich da zur Ruhe gesetzt. In der Nacht träumte ihm, wenn es nicht nach dem Dovrefjeld käme, so müsste die Welt vergehen. Als es nun aufwachte, flog es sogleich herunter und machte sich auf den Weg. Wie es ein Ende gereist war, begegnete ihm ein Hahn. »Guten Tag, Hahn Pahn!«, sagte das Huhn. »Guten Tag, Huhn Puhn! Wo willst du hin so früh?«, sagte der Hahn. »O, ich will nur nach dem Dovrefjeld, damit nicht die Welt vergehen soll«, sagte das Huhn. »Wer hat dir das gesagt, Huhn Puhn?«, fragte der Hahn. »Ich saß in der Eiche und träumte es die Nacht«, sagte das Huhn. »Ich will mit dir gehen«, sagte der Hahn. Nun gingen beide ein weites Ende fort, da begegnete ihnen eine Ente. »Guten Tag, Ente Pente!«, sagte der Hahn. »Guten Tag, Hahn Pahn, wo willst du hin so früh?«, sagte die Ente. »Ich will nach dem Dovrefjeld, damit nicht die Welt vergehen soll«, sagte der Hahn. »Wer hat dir das gesagt, Hahn Pahn?« – »Huhn Puhn«, sagte der Hahn. »Wer hat es dir gesagt, Huhn Puhn?«, fragte die Ente. »Ich saß in der Eiche und träumte es die Nacht«, sagte das Huhn. »Ich will mit euch«, sagte die Ente. Nun machten sie sich auf und gingen weiter, da begegnete ihnen eine Gans. »Guten Tag, Gans Pans!«, sagte die Ente. »Guten Tag, Ente Pente!«, sagte die Gans. »Wo willst du hin so früh?« – »Ich will nach dem Dovrefjeld, damit nicht die Welt vergehen soll«, sagte die Ente. »Wer hat dir das gesagt, Ente Pente?«, fragte die Gans. – »Hahn Pahn.« – »Wer hat es dir gesagt, Hahn Pahn?« – »Huhn Puhn.« – »Woher weißt du es, Huhn Puhn?«, fragte die Gans. »Ich saß in der Eiche und träumte es die Nacht«, sagte das Huhn. »Ich will mit euch«, sagte die Gans. Wie sie nun ein Ende weitergegangen waren, begegnete ihnen der Fuchs. »Guten Tag, Fuchs Puchs«, sagte die Gans. – »Guten Tag, Gans Pans.« – »Wo hinaus, Fuchs Puchs?« – »Wo willst du hin, Gans Pans?« – »Ich will nach dem Dovrefjeld, damit nicht die Welt vergehen soll.« – »Wer hat dir das gesagt, Gans Pans?«, fragte der Fuchs. – »Ente Pente.« – »Wer hat es dir gesagt, Ente Pente?« – »Hahn Pahn.« – »Und wer hat dir es gesagt, Hahn Pahn?« – »Huhn Puhn.« – »Und woher weißt du es, Huhn Puhn?« – »Ich saß in der Eiche und träumte es die Nacht«, sagte das Huhn. »O Schnack!«, sagte der Fuchs. »Die Welt vergeht nicht, wenn ihr auch nicht nach dem Dovrefjeld kommt. Geht lieber mit mir in meine Höhle, da sitzt ihr warm und gut.« Der Vorschlag gefiel den Reisenden, und sie gingen mit dem Fuchs in seine Höhle. Als sie aber dort ankamen, legte der Fuchs tüchtig nach im Kamin, sodass sie alle schläfrig wurden. Die Gans und die Ente setzten sich in einen Winkel, aber der Hahn und das Huhn flogen auf die Hühnersteige. Als die Gans und die Ente eingeschlafen waren, legte der Fuchs die Gans auf die Kohlen und briet sie. Wie es nun dem Huhn so angesengt roch, hüpfte es einen Stock höher und sagte so halb im Schlaf: »Pfui! Wie's hier stinkt!« – »O Schnack!«, sagte der Fuchs. »Das ist bloß der Rauch im Schornstein. Halt nur dein Maul und schlaf ein!« Da schlief das Huhn wieder ein. Der Fuchs hatte aber kaum die Gans zu Leibe, so machte er es ebenso mit der Ente. Dem Huhn ward es wieder so angesengt riechen, und es flog daher noch einen Stock höher, indem es wieder sagte: »Pfui! Wie's hier stinkt!« Da tat es aber zugleich die Augen auf und sah nun, dass der Fuchs die Gans und die Ente verzehrt hatte. Wie dem Huhn das gewahr ward, flog es auf den höchsten Stock und guckte zum Schornstein hinaus. »Nein, sieh mal einer die schönen Gänse, die da fliegen!«, sagte es zu dem Fuchs. Reineke hinaus und wollte sich einen fetten Braten holen. Da weckte das Huhn den Hahn und erzählte ihm, wie es der Gans Pans und der Ente Pente ergangen war. Darauf flogen Hahn Pahn und Huhn Puhn hinaus durch den Schornstein, und wären sie nicht nach dem Dovrefjeld gekommen, so wär's aus gewesen mit der Welt.

PETER UND PAUL UND ESBEN ASCHENBRÖDEL

Es war einmal ein Mann, der hatte drei Söhne, die hießen Peter und Paul und Esben Aschenbrödel, aber weiter als die drei Söhne hatte er auch nichts in der Welt, ja, er war so arm, dass er nicht einmal einen Knopf an seinem Rock hatte, und darum sagte er oft und alle Tage zu den Burschen, sie sollten fort in die Welt und sich ihr Brot verdienen, denn zu Hause bei ihm müssten sie doch am Ende nur tothungern. Nun sollst du mal hören, wie zuletzt die Burschen auf den Trab kamen, das ging nämlich so zu:

Nicht weit davon, wo der Mann wohnte, lag ein Königsschloss, und grade vor den Fenstern des Königs stand eine Eiche, die war so groß und so dick, dass sie alles Licht wegnahm, sodass die Sonne nicht ins Zimmer scheinen konnte. Darum hatte der König demjenigen, der die Eiche umhauen könnte, viel Geld versprochen, aber dazu taugte keiner, denn sobald einer nur einen Span von dem Stamm abhaute, wuchs gleich wieder noch einmal so viel daran. Ferner wollte

der König einen Brunnen gegraben haben, der sollte das ganze Jahr hindurch Wasser halten, denn alle Großen in seinem Reich hatten Brunnen, nur er hatte keinen, und das, dünkte dem König, wäre doch Unrecht. Wer ihm nun einen solchen Brunnen graben konnte, der das ganze Jahr hindurch Wasser hielt, dem hatte er Geld und auch noch viele andre Dinge versprochen, aber keiner konnte es zustande bringen, denn das Schloss lag oben auf einem Berg, und kaum hatte man einige Zoll tief in die Erde gegraben, so kam man auf den harten Felsboden. Da sich aber der König einmal in den Kopf gesetzt hatte, dass die Sache zustande gebracht werden sollte, so ließ er zuletzt weit und breit bekannt machen in seinem ganzen Land, dass der, welcher die große Eiche vor dem Schloss umhauen und einen Brunnen graben könnte, der das ganze Jahr hindurch Wasser hielt, die Prinzessin und das halbe Reich haben sollte. Nun kann man sich wohl denken, dass viele kamen, um ihr Glück zu versuchen, aber was sie auch hauen und sägen und hacken und graben mochten, es half alles nichts: Die Eiche wurde bei jedem Hieb nur noch dicker, und der Felsboden wurde nicht weicher. Endlich wollten die drei Brüder auch fort und ihr Glück versuchen, und damit war der Vater wohl zufrieden; denn bekämen sie auch nicht die Prinzessin und das halbe Reich, dachte er, so könnten sie doch wohl bei irgendeinem braven Mann in Dienst kommen, und mehr wünschte er nicht; und als darum die Brüder davon anfingen, dass sie zu dem Königsschloss wollten, sagte der Vater auch gleich Ja, und

darauf machten Peter und Paul und Esben Aschenbrödel sich auf den Weg.

Als sie ein Ende gegangen waren, kamen sie an einem mit Tannen bewachsenen Berg vorbei, und oben da haute und haute es. »Das wundert mich, dass es da oben auf dem Berg so haut«, sagte Esben Aschenbrödel. »Du bist immer gleich bei der Hand mit deinem Verwundern«, sagten Peter und Paul. »Ist das zu verwundern, dass ein Holzhauer da auf dem Berg haut?« – »Ja, ich möchte aber doch wissen, was es ist«, sagte Esben Aschenbrödel und ging hinauf. »Wenn du ein solcher Narr bist, so sieh zu, dann wirst du's erfahren!«, riefen die Brüder ihm nach, aber Esben bekümmerte sich nicht darum, sondern ging grade nach dem Ort hin, wo er es hauen hörte, und da sah er nun eine Axt, welche ganz allein dastand und an einer Tanne haute. »Was stehst du hier ganz allein und haust?«, fragte Esben Aschenbrödel. »Ach, nun hab' ich hier gestanden und gehaut manchen lieben Tag und hab' nur auf dich gewartet«, sagte die Axt. »Gut, nun bin ich hier«, sagte Esben, schlug die Axt von dem Stiel herunter und steckte sie in seinen Schnappsack. Als er nun wieder zu seinen Brüdern kam, machten sie sich über ihn lustig und fragten: »Na, was war denn das für Schönes, was du da oben sahst?« – »O, es war bloß eine Axt«, sagte Esben.

Als sie nun ein Ende weitergegangen waren, kamen sie wieder zu einem Berg, und oben, da hörten sie es hacken und graben. »Das wundert mich«, sagte Esben. »Ich möchte doch wohl wissen, was es ist, das da so hackt und gräbt.« – »Du bist immer gleich bei der Hand mit deinem Verwundern«, sagten Peter und Paul. »Hast du denn nie die Vögel auf den Bäumen hacken und picken hören?« – »Ja, aber ich hätte doch Lust zu sehen, was es ist«, sagte Esben und bekümmerte sich nicht darum, dass die andern ihn wieder auslachten, sondern ging geradezu auf den Berg. Dort oben sah er nun eine Steinhacke, die stand da ganz allein und hackte und grub. »Guten Tag!«, sagte Esben Aschenbrödel. »Was stehst du hier ganz allein und hackst und gräbst?« – »Ach, nun hab' ich hier gestanden und gehackt und gegraben manchen lieben Tag und habe nur auf dich gewartet«, sagte die Hacke. »Gut, nun bin ich hier«, sagte Esben, schlug die Hacke vom Stiel herunter, steckte sie in seinen Schnappsack, und damit ging er wieder fort. »Das war wohl was Schönes, was du da oben sahst«, sagten Peter und Paul zu ihm, als er sie wieder eingeholt hatte. »O, es war nur eine Steinhacke«, sagte Esben Aschenbrödel.

Nun gingen sie ein gutes Ende weiter, bis sie endlich zu einem Bach kamen, und da nun alle drei durstig waren von der Reise, legten sie sich nieder, um zu trinken. »Mich wundert nur dieser Bach«, sagte Aschenbrödel. »Ich möchte doch wohl wissen, wo das Wasser herkommt.« – »Mich wundert nur, dass du nicht recht im Kopf bist!«, sagten Peter und Paul. »Bist du aber noch nicht verrückt, so wirst du es wohl vor lauter Verwunderung bald werden. Hast du denn noch nie gehört, dass das Wasser aus der Erde quillt?« – »Ja, aber ich hätte doch Lust zu sehen, wo es herkommt«, sagte Esben Aschenbrödel, und damit ging er an dem Bach entlang und bekümmerte sich nicht darum, dass seine Brüder hinter ihm herriefen und ihn auslachten. Als er nun ein weites Ende gegangen war, wurde der Bach schmaler und immer schmaler, und endlich sah er da eine große Walnuss liegen, aus der sickerte das Wasser heraus. »Guten Tag«, sagte Esben. »Was liegst du hier so allein und sickerst?« – »Ach, nun hab' ich hier gelegen und gesickert manchen lieben Tag und habe nur auf dich gewartet«, sagte die Walnuss. »Gut, nun bin ich hier«, sagte Esben, nahm einen Flausch Moos und stopfte es in das Loch, sodass das Wasser nicht herauskonnte, und dann steckte er die Walnuss in seinen Schnappsack und ging wieder zurück zu seinen Brüdern. »Nun hast du wohl gesehen, wo das Wasser herkommt, das sah wohl hübsch aus, kann ich mir denken«, sagten Peter und Paul. »O, es war bloß ein Loch, wo es herausfloss«, sagte Esben Aschenbrödel, und die Brüder lachten und machten sich über ihn lustig, aber Esben bekümmerte sich nicht darum, sondern sagte bloß: »Ich hatte nun einmal meine Lust daran, es zu sehen.«

Als sie nun noch etwas weitergegangen waren, kamen sie zu dem Königsschloss. Aber da nun so viele Leute gehört hatten, dass sie die Prinzessin und das halbe Reich gewinnen könnten, wenn sie es zustande brächten, die große Eiche umzuhauen und einen Brunnen im Schlosshof zu graben, der immer Wasser hielt, so waren schon so viele gekommen, die ihr

Glück versucht hatten, dass die Eiche noch einmal so groß und dick geworden war als vorher; denn du erinnerst dich wohl noch, dass immer doppelt so viel wieder anwuchs, als man mit der Axt abhaute. Darum hatte der König nun die Strafe ausgesetzt, dass wenn künftig einer sein Glück versuchen wollte und die Eiche nicht umhauen könnte, ihm beide Ohren abgeschnitten werden sollten, und darnach sollte er auf eine Insel hinausgebracht werden, die mitten im Meer lag. Aber die beiden Brüder ließen sich dadurch nicht abschrecken, sie meinten, sie wollten die Eiche schon umhauen, und Peter, welcher der Älteste war, sollte zuerst den Versuch machen. Aber es ging ihm nicht besser als all den andern, die vor ihm ihr Glück versucht hatten, denn für jeden Span, den er abhieb, wuchs gleich noch einmal so viel wieder dran. Da nahmen die Leute des Königs ihn beim Schlafittchen und brachten ihn hinaus auf die Insel, nachdem sie ihm vorher beide Ohren abgeschnitten hatten. Nun wollte sich Paul daranmachen, aber dem ging's um nichts besser. Als er zwei bis drei Hiebe getan hatte und die Leute sahen, dass die Eiche nur noch größer wurde, nahmen sie ihn ebenfalls beim Kragen und brachten ihn hinaus auf die Insel; ihm aber schnitten sie die Ohren noch dichter beim Kopf ab, weil er der Bruder von dem andern war. Nun wollte sich Esben Aschenbrödel daranmachen. »Möchtest du gern aussehen wie ein gemerktes Schaf, so wollen wir dir lieber die Ohren gleich abschneiden, dann sparst du dir die Mühe«, sagte der König und war gewaltig böse auf ihn, wegen seiner Brüder. »Ich hätte doch Lust, erst mein Glück zu versuchen«, sagte Esben, und das durften sie ihm denn nicht verwehren. Er nahm nun seine Axt aus dem Schnappsack, steckte sie wieder auf den Helft und sprach dann: »Hau selber!« Und sogleich fing die Axt an zu hauen, dass nur die Späne so flogen, und da dauerte es nicht lange, so war die Eiche herunter. Wie das getan war, nahm Esben seine Hacke hervor, steckte sie wieder an den Stiel und sprach dann: »Grabe und hacke selbst!« Und sogleich fing die Hacke an zu graben und zu hacken, dass Erde und Steine umherflogen, und da kann man sich denn wohl denken, dass der Brunnen tief genug werden musste. Als Esben ihn so tief und so groß hatte, wie er ihn haben wollte, nahm er seine Walnuss und legte sie unten auf den Boden, dann zog er das Moos wieder aus dem Loch und sprach: »Fang' nun an zu sickern!« Da fing die Walnuss an zu sickern, dass nur das Wasser so strömte, und da dauerte es nicht lange, so war der Brunnen bis an den Rand voll. So hatte nun Esben Aschenbrödel die Eiche umgehauen, die vor den Fenstern des Königs schattete, und einen Brunnen im Schlosshof gegraben, der beständig Wasser hielt, und da bekam er die Prinzessin und das halbe Reich, so wie der König es versprochen hatte. Gut war es, dass Peter und Paul ihre Ohren verloren hatten, denn sonst hätten sie es immer und alle Tage hören müssen, dass Esben Aschenbrödel sich doch nicht so schlecht gewundert hatte.

DIE PRINZESSIN AUF DEM GLÄSERNEN BERG

Es war einmal ein Mann, der hatte eine Heuwiese, die lag auf einem Berg, und auf der Wiese stand ein Schuppen, worin er das Futter aufbewahrte. In den letzten Jahren aber war der Schuppen immer ziemlich leer gewesen, denn allemal in der St.-Johannis-Nacht, wenn das Gras am schönsten und üppigsten stand, wurde die Wiese ganz kahl, als ob eine Viehherde da gegangen und das Gras abgefressen hätte. So geschah es das eine Jahr, und so geschah es das andere. Das verdross endlich den Mann, und er sagte zu seinen Söhnen – er hatte drei, und der dritte hieß Aschenbrödel, musst du wissen –, es solle einer von ihnen in der St.-Johannis-Nacht im Heuschuppen liegen und achtgeben, wie das Ding zusammenhinge, denn es könne nicht angehen, dass jedes Jahr das Gras mit Stumpf und Stiel abgefressen würde, sagte er. Nun machte zuerst der älteste Sohn sich auf; er wollte schon aufpassen, sagte er, und es sollten ihm weder Menschen noch Vieh noch der Teufel selbst das Gras von der Wiese stehlen. Darauf ging er hin und legte sich in dem Heuschuppen schlafen. Wie es aber auf die Nacht kam, entstand plötzlich ein solches Getöse und ein Erdbeben, dass Dach und Wände krachten. Dem Burschen ward angst und bange, und er sprang auf und lief davon, ohne sich umzusehen, und die Wiese wurde in dieser Nacht wieder ebenso kahl als in den beiden letzten Jahren.

Den nächsten St.-Johannis-Abend sagte der Mann wieder, es könne nicht angehen, dass sie jedes Jahr ihr Heu auf der Wiese einbüßen sollten, es müsse einer von den Söhnen die Nacht über im Schuppen schlafen und gut aufpassen. Da machte sich denn der zweite Sohn auf, aber es ging ihm nicht besser als seinem Bruder, denn in der Nacht entstand wieder ein Getöse und ein Erdbeben, noch weit furchtbarer als in der vorigen St.-Johannis-Nacht. Dem Burschen ward angst und bange, und er sprang auf und schwang die Fersen, als ob's für Geld ginge.

Das Jahr darauf kam die Reihe an Aschenbrödel. Als er sich aber anschickte, nach der Wiese zu gehen, fingen die andern beiden an zu lachen und machten sich über ihn lustig. »Ja, du bist eben der Rechte, um das Heu zu hüten«, sagten sie. »Du, der du nichts anderes gelernt hast, als in der Asche zu sitzen und dich zu braten.« Aber Aschenbrödel bekümmerte sich nicht um ihr Geschwätz, sondern als es Abend wurde, ging er geradezu nach der Wiese. Als er eine Weile im Schuppen gelegen hatte, fing es an zu donnern und zu krachen. »O, wenn's nicht schlimmer wird, so kann ich's aushalten«, dachte Aschenbrödel. Als er noch eine Weile gelegen hatte, entstand ein

Krachen und ein Erdbeben, dass die Heuhalme umherstoben. »O, wenn's nicht schlimmer wird, so halt ich's aus«, dachte Aschenbrödel. Bald darauf kam ein drittes Krachen und Erdbeben, sodass der Bursche glaubte, Dach und Wände würden zusammenstürzen; als das aber vorbei war, wurde es mäuschenstill. »Ob's wohl wiederkommt?«, dachte Aschenbrödel, aber es kam nicht wieder. Nach einer Weile schien es dem Burschen, als ob draußen vor dem Schuppen ein Pferd stände und graste. Er schlich sich daher an die Tür und guckte durch die Ritze, und da sah er denn ein Pferd stehen, welches das Gras abbiss; aber ein so großes und stattliches Pferd hatte Aschenbrödel noch nie gesehen, und auf dem Rücken trug es Sattel und Gebiss und eine vollständige Rüstung für einen Ritter. Alles aber war von Kupfer und so blank, dass es glitzerte. »Haha! Bist du es, der uns immer das Gras abfrisst?«, dachte der Bursche. »Aber das will ich dir schon verbieten.« Er nahm darauf schnell sein Feuerstahl aus der Tasche und warf es über das Pferd; da konnte es sich nicht vom Fleck rühren, sondern war so zahm, dass der Bursch mit ihm machen konnte, was er wollte. Er setzte sich nun darauf und ritt damit nach einem Ort hin, den niemand kannte als er allein, und da brachte er es in Verwahrsam. Als er wieder nach Hause kam, fingen seine Brüder an zu lachen und fragten ihn, wie es denn gegangen sei. »Du bliebst wohl nicht lange in dem Schuppen liegen«, sagten sie. »Wenn du sonst überhaupt nach der Wiese gekommen bist.« – »Ich habe so lange in dem

Schuppen gelegen, bis die Sonne aufging«, sagte der Bursch. »Aber ich habe nichts gehört noch gesehen. Gott mag wissen, was es ist, das euch so in Furcht gejagt hat.« – »Ja, wir werden bald sehen, wie du die Wiese gehütet hast«, versetzten die Brüder. Als sie aber hinkamen, stand das Gras da ebenso hoch und so dicht als den Tag zuvor.

Den nächsten Johannis war es wieder das alte Lied. Keiner von den beiden Brüdern wollte nach dem Schuppen gehen und die Wiese hüten, aber Aschenbrödel, der wollte. Nun ging es wieder ebenso wie in der vorigen Johannis-Nacht: Zuerst kam wieder ein furchtbares Getöse und ein Erdbeben, dann noch einmal und endlich zum dritten Mal; aber alle drei Erdbeben waren diesmal weit stärker als das vorige Jahr. Darauf ward es plötzlich ganz still, und der Bursch hörte etwas draußen vor dem Schuppen knabbern; er schlich sich nun wieder ganz leise nach der Tür und guckte durch die Ritze. Ja, richtig! Da stand wieder ein Pferd dicht an der Mauer und fraß das Gras ab, aber das war noch weit größer und stattlicher als das vorige, und auf dem Rücken lagen Sattel und Gebiss und eine vollständige Rüstung für einen Ritter – alles von blankem Silber und so prächtig, wie man's nur sehen kann. »Haha! Bist du es, der uns in dieser Nacht das Gras abfressen wollte?«, dachte der Bursch. »Aber das will ich dir verbieten.« Und damit nahm er schnell sein Feuerstahl aus der Tasche und warf es dem Pferd über die Mähne, und nun stand es da, so fromm und so zahm wie ein Lamm. Da setzte der Bursch sich drauf und ritt damit nach demselben Ort hin, wo er das andere Pferd stehen hatte, und dann ging er wieder nach Hause. »Heute sieht es wohl schön aus auf der Heuwiese«, sagten die Brüder. »O ja, ganz gut«, versetzte Aschenbrödel. Sie wollten nun hin und zusehen, und als sie hinkamen, stand das Gras da so hoch und so schön, dass es nur eine Lust war, aber die Brüder wurden darum nicht freundlicher gegen Aschenbrödel.

Als die dritte Johannis-Nacht herankam, wollte wieder keiner von den beiden ältesten Brüdern in dem Heuschuppen liegen und die Wiese hüten, denn sie waren noch so eingeschüchtert von der ersten Nacht her, die sie da gelegen hatten, dass sie's gar nicht wieder vergessen konnten. Da musste sich denn Aschenbrödel wieder aufmachen, und nun ging es wieder ebenso wie die beiden vorigen Male: Es kamen wieder drei Erdbeben, das eine noch immer stärker als das andere, und bei dem letzten tanzte der Bursch von der einen Schuppenwand zur andern; aber darauf wurde es mäuschenstill. Als der Bursch nun noch eine Weile gelegen hatte, hörte er wieder draußen vor dem Schuppen etwas knabbern. Er schlich sich nun leise nach der Tür und guckte durch die Ritze – da stand denn wieder ein Pferd da, noch weit größer und stattlicher als die beiden andern, die er schon gefangen hatte. »Haha! Bist du es, der mir diese Nacht das Gras abfressen wollte?«, dachte der Bursch. »Aber das will ich dir schon verbieten.« Und damit nahm er sein Feuerstahl und warf es über das Pferd, und da stand es auf dem Fleck so fest, als wär es drangenagelt, und der

Bursch konnte mit ihm machen, was er wollte; er ritt es nun nach demselben Ort hin, wo er schon die beiden andern Pferde stehen hatte, und ging dann nach Hause. Die beiden Brüder machten sich wieder über ihn lustig, ebenso wie die beiden vorigen Male. Diese Nacht, sagten sie, hätte er die Wiese wohl gut gehütet, denn er sähe ja aus, als ob er noch im Schlaf ginge, und was dergleichen mehr war. Aber Aschenbrödel tat, als ob er nicht darauf achte, sondern sagte bloß, sie möchten nur hingehen und zusehen; das taten sie denn auch, aber das Gras stand da ebenso schön und üppig als den Tag zuvor.

Um diese Zeit geschah es, dass der König des Landes, in welchem Aschenbrödels Vater wohnte, ein Aufgebot in seinem ganzen Reich ergehen ließ. Der König hatte nämlich eine Tochter von wunderlieblicher Schönheit, und die wollte er verheiraten. Die Tochter aber saß mit drei goldnen Äpfeln in ihrem Schoß oben auf einem hohen gläsernen Berg, der war so glatt wie Eis und so blank wie ein Spiegel. Wer nun auf den Berg reiten und ihr die drei Äpfel aus dem Schoß nehmen könnte, der sollte die Prinzessin und das halbe Reich haben, das hatte der König in allen Kirchdörfern in seinem ganzen Reich und noch in vielen andern Königreichen bekannt machen lassen. Weil nun die Prinzessin so außerordentlich schön war, dass jeder, der sie nur ansah, sogleich in sie verliebt ward, er mochte wollen oder nicht, so hatten alle Prinzen und Ritter große Lust, sie und das halbe Königreich zu gewinnen, und kamen daher von allen Enden der Welt

geritten, so stattlich, dass man den Glanz schon von Weitem sah; und ihre Pferde gingen einher, als ob sie unter ihnen tanzten – kurz, es war niemand, der nicht daran dachte, die Prinzessin und das halbe Reich zu gewinnen.

Als nun der Tag gekommen war, den der König zu dem Ritt bestimmt hatte, waren so viele Prinzen und Ritter um den gläsernen Berg versammelt, dass es von ihnen wimmelte, und jeder, der nur kriechen konnte, wollte hin und sehen, wer die Königstochter gewönne, und die beiden Brüder von Aschenbrödel wollten auch hin, aber Aschenbrödel wollten sie nicht mithaben, denn hätten sie einen solchen Wechselbalg bei sich, so schwarz und abscheulich wie er, der immer daliege und in der Asche wühle, sagten sie, dann würden die Leute sich nur über sie lustig machen. Aschenbrödel aber sagte, es wär ihm ganz einerlei, er bliebe auch ebenso gern zu Hause. Als nun die beiden Brüder zu dem gläsernen Berg kamen, versuchten schon alle Ritter und Prinzen den Ritt, und sie ritten, dass die Pferde unter ihnen schäumten; aber es half ihnen alles nichts, denn sowie nur das Pferd den Fuß an den Berg setzte, glitt es immer wieder aus, und es war kein Einziger da, der nur ein paar Ellen lang an dem Berg hinaufgekommen wäre, und das war eben nicht zu verwundern, denn der Berg war so glatt wie ein Spiegel und so steil wie eine Wand. Alle aber wollten gern die Königstochter und das halbe Reich gewinnen, und sie ritten, und sie glitten, aber alles umsonst. Zuletzt waren alle Pferde schon so ausgemattet, dass sie nicht mehr vom Fleck konnten, und über und über waren sie mit Schweiß bedeckt, und der Schaum stand ihnen vor dem Mund. Da mussten sich denn die Prinzen und Ritter endlich geben. Der König wollte nun schon bekanntmachen lassen, dass das Wettreiten den nächsten Tag wieder anfangen sollte, ob's dann vielleicht einem gelingen möchte, aber in demselben Augenblick kam ein Ritter in einer kupfernen Rüstung daher, die war so blank, dass man sich darin spiegeln konnte, und das Pferd, das er ritt, war so groß und so stattlich, wie noch keiner ein solches Pferd je gesehen hatte. Die andern Prinzen und Ritter aber riefen ihm zu, er könne sich gern die Mühe sparen, den Ritt zu versuchen, denn es würde ihm doch nichts helfen. Jener konnte aber auf dem Ohr nicht hören, sondern ritt grade auf den gläsernen Berg zu und hinan und hinauf, als wär' es gar nichts gewesen. Als er aber um das erste Drittel heil hinaufgekommen war, lenkte er mit dem Pferd um und ritt wieder zurück. Einen so schönen Ritter hatte die Prinzessin noch nie zuvor gesehen, und sie dachte bei sich selbst: »Ach Gott, wenn er doch nur heraufkäme!« Als sie aber sah, dass er mit dem Pferd wieder umlenkte, warf sie ihm einen von den goldnen Äpfeln nach, und der rollte hinab in seinen Schuh. Sobald der fremde Ritter wieder unten war, gab er seinem Pferd die Sporen und jagte davon, und niemand wusste, wo er gestoben oder geflogen war. Am Abend sollten alle Prinzen und Ritter vor dem König erscheinen, damit der, welcher an dem gläsernen Berg hinaufgeritten sei, den goldnen Apfel aufzeigen könne, den die Königstochter ihm zugeworfen hatte. Aber da war keiner, der etwas aufzeigen konnte; der eine kam nach dem andern, aber den goldnen Apfel hatte niemand.

Als nun die Brüder Aschenbrödels wieder nach Hause kamen, erzählten sie ein Langes und Breites von dem Ritt auf den gläsernen Berg: Wie zuerst keiner auch nur einen Schritt lang an dem Berg hätte hinaufkommen können, und wie nachher einer gekommen wäre in einer kupfernen Rüstung, so blank, dass man sich darin spiegeln konnte, »und das war ein Bursch«, sagten sie, »der konnte reiten; er ritt wohl über den dritten Teil an dem gläsernen Berg hinauf, und er hätte auch wohl ganz hinaufreiten können, wenn er bloß gewollt hätte, aber da kehrte er wieder um, denn er mochte wohl denken, es sei genug für das Mal.« – »O, den hätt' ich auch wohl sehen mögen!«, sagte Aschenbrödel – er saß auf dem Herd und wühlte in der Asche, wie er gewöhnlich zu tun pflegte. »Ja, du!«, sagten die Brüder. »Du siehst auch darnach aus, dass du dich vor so hohen Herrschaften kannst sehen lassen, du abscheuliches Biest, so wie du da sitzest!«

Den anderen Tag wollten die Brüder wieder nach dem gläsernen Berg, und Aschenbrödel bat sie auch das Mal, sie möchten ihn doch mitnehmen, damit er auch zusehen könne; aber nein, das ging nicht an, dazu wär' er viel zu hässlich, sagten sie. »Ei nun, so bleib' ich auch ebenso gern zu Hause«, sagte Aschenbrödel. Als die Brüder zu dem Berg kamen, begannen eben die Ritter und Prinzen wieder ihr Wettreiten,

und das Mal hatten sie ihre Pferde gehörig beschlagen lassen, kannst du glauben, aber es half ihnen doch alles nichts, sie ritten und sie glitten ebenso wie den vorigen Tag, und keiner kam auch nur eine Elle lang an dem Berg hinauf; und als sie ihre Pferde so lange abgequält hatten, dass sie nicht mehr von der Stelle konnten, mussten sie alle wieder aufhalten. Nun wollte der König schon bekannt machen lassen, dass das Wettreiten den nächsten Tag zum letzten Mal vor sich gehen sollte, ob's dann vielleicht noch einem gelänge; da fiel ihm aber der Ritter mit der kupfernen Rüstung ein, und er beschloss, noch ein wenig zu warten, ob er sich etwa noch einfinden möchte. Aber der Ritter mit der kupfernen Rüstung fand sich nicht ein; dagegen aber kam nach einer Weile ein anderer Ritter dahergesprengt, der trug eine silberne Rüstung, die blitzte schon von Weitem, und das Ross, welches er ritt, war noch weit größer und stattlicher als das des kupfernen Ritters von gestern. Die Ritter und Prinzen riefen ihm zwar zu, er könne sich gern die Mühe sparen, den Ritt zu versuchen, denn es würde ihm doch nichts helfen, aber er achtete nicht darauf, sondern ritt grade auf den gläsernen Berg zu und hinan und hinauf, noch viel weiter als der in der kupfernen Rüstung. Als er aber um zwei Drittel heile hinaufgekommen war, lenkte er mit seinem Pferd um und ritt wieder zurück. Den Ritter mochte nun die Prinzessin noch lieber leiden als den von gestern, und sie wünschte, dass er doch nur ganz hinaufkommen möchte. Als sie aber sah, dass er wieder umkehrte, warf sie ihm den andern Apfel nach, und der rollte hinunter in seinen Schuh. Der Ritter aber jagte schnell davon, und niemand wusste, wo er geblieben war.

Am Abend sollten wieder alle vor dem König und der Prinzessin erscheinen, damit der, welcher den goldnen Apfel hätte, ihn aufweisen könne, aber den goldnen Apfel hatte niemand.

Die Brüder erzählten zu Hause wieder, wie sich alles zugetragen hatte. »Alle Prinzen und Ritter, die da versammelt waren«, sagten sie, »konnten nichts ausrichten; zuletzt aber kam einer mit einer silbernen Rüstung – Wetter nicht mal! Der konnte reiten! Er kam wohl über zwei Drittel heile an dem Berg hinauf, und da kehrte er wieder um. Aber das war ein Bursch! Und die Prinzessin warf ihm den zweiten Apfel nach.« – »Ach, den hätt ich auch wohl sehen mögen!«, sagte Aschenbrödel. »Ja, er war ein wenig blanker als die Asche, worin du wühlst, du schwarzes Biest!«, sagten die Brüder.

Am dritten Tag ging es wieder ungefähr ebenso: Aschenbrödel wollte wieder mit und zusehen, aber die Brüder wollten ihn durchaus nicht mitnehmen. Als sie zu dem gläsernen Berg kamen, konnte wieder niemand auch nur eine Elle lang hinaufkommen. Alle warteten nun auf den Ritter mit der silbernen Rüstung, aber der war weder zu sehen noch zu hören. Endlich kam ein Ritter in einer goldenen Rüstung dahergesprengt, die strahlte, dass man den Glanz schon weit in der Ferne sehen konnte, und das Pferd, das er ritt, war so groß und so stattlich, dass keiner noch dergleichen je gesehen hatte. Die Prinzen und Ritter konnten vor lauter Verwunderung ihm nicht einmal zurufen, dass er sich die Mühe sparen solle, den Ritt zu versuchen, und ehe sie sich's versahen, war er schon bei dem gläsernen Berg und sprengte hinauf, als wär' es gar nichts gewesen, sodass die Prinzessin nicht einmal Zeit bekam zu wünschen, er möchte doch ganz hinaufkommen. Oben nahm er ihr den dritten goldnen Apfel aus dem Schoß, lenkte dann mit seinem Pferd wieder um – und fort war er, als wär' er verschwunden.

Als am Abend die Brüder nach Hause kamen, erzählten sie wieder ein Langes und Breites von dem Wettreiten an dem Tage, und zuletzt erzählten sie auch von dem Ritter mit der goldnen Rüstung. »Das war aber ein Bursch!«, sagten sie. »Einen so stattlichen Ritter gibt's nicht mehr in der Welt.« – »O, den hätt' ich auch wohl sehen mögen!«, sagte Aschenbrödel. »Ja, es blitzt nicht völlig so in der Asche, worin du immer wühlst, du schwarzes Biest!«, sagten die Brüder.

Tages darauf sollten alle Prinzen und Ritter vor dem König und der Prinzessin erscheinen – denn am Abend, glaub ich, war es schon zu spät geworden –, damit der, welcher den goldnen Apfel hätte, ihn aufweisen könne. Es kam nun einer nach dem andern, erst kamen alle Prinzen und dann die Ritter, aber den goldnen Apfel hatte niemand. »Ja, einer muss ihn doch haben«, sagte der König, »denn wir sahen es ja alle mit unsern Augen, wie er da den Berg hinaufritt und ihn der Prinzessin aus dem Schoß nahm.«

Da sich aber niemand meldete, gab endlich der König den Befehl, dass alle Leute in seinem ganzen Land aufs Schloss kommen sollten, damit der, welcher den goldnen Apfel hätte, ihn aufweise. Es kam nun einer nach dem andern, aber den goldnen Apfel hatte niemand. Endlich kamen auch die beiden Brüder von Aschenbrödel; sie waren die letzten. Darauf fragte der König, ob denn gar nicht mehr Leute in seinem Reich wären. »Ja, wir haben noch einen Bruder zu Hause«, sagten die beiden. »Aber der hat den goldnen Apfel wohl nicht genommen, denn er ist in der Zeit nicht aus dem Aschhaufen gekommen.« – »Einerlei«, sagte der König, »sind alle die andern hier gewesen, so mag er auch kommen!« Und da musste denn Aschenbrödel auch aufs Schloss. »Hast du den goldnen Apfel, du?«, fragte ihn der König. »Ja, hier ist er, und hier ist der andere, und hier ist der dritte«, sagte Aschenbrödel, indem er alle drei goldenen Äpfel aus der Tasche nahm, und in demselben Augenblick warf er seine rußigen Kleider ab und stand nun da in seiner goldenen Rüstung, dass es nur so blitzte. »Ja, du sollst meine Tochter und das halbe Reich haben«, sagte der König. »Denn du hast beides ehrlich verdient.« Darauf wurde die Hochzeit gehalten, und Aschenbrödel bekam die Prinzessin und das halbe Reich. Bei der Hochzeit aber ging's lustig her, denn Hochzeit feiern konnten sie alle, wenn sie auch nicht auf den gläsernen Berg reiten konnten; und haben sie nicht aufgehört zu feiern, so feiern sie noch.

KAT MENSCHIK

ist freie Illustratorin und lebt in Berlin. Das Feuilleton der *Frankfurter Allgemeinen Sonntagszeitung* erhält von ihr seine optische Prägung, viele von ihr illustrierte Bücher erlangten Kultstatus (u. a. Haruki Murakamis *Schlaf*). Sie gestaltete für den Galiani Verlag die prächtigen Illustrationen des Island-Saga-Bandes *Der Mordbrand von Örnolfsdalur* und von *Kalevala. Eine Sage aus dem Norden* sowie des georgischen Nationalepos *Der Held im Pardelfell*. 2014 wurde bei Galiani ihr außergewöhnliches Gartenbuch *Der goldene Grubber* veröffentlicht, das unter die schönsten Bücher des Jahres gewählt wurde, 2019 folgte ihr Buch übers Kochen, Schmausen und Schwelgen: *Essen essen (mehr ist mehr!)*.

Die beiden Freunde CHRISTIAN PETER ASBJØRNSEN (1812–1885) und JØRGEN MOE (1813–1882) waren gewissermaßen die Grimms des Nordens. Anfang der Dreißigerjahre des 19. Jahrhunderts begannen sie, Märchen zu sammeln und aufzuschreiben. Ihre *Norske Folkeeventyr* erschienen erstmals in den Jahren 1841–1844 in einer Reihe von vier Heften, die Übersetzung von FRIEDRICH BRESEMANN ins Deutsche erschien 1847. Unsere Auswahl folgt seinem Text, wobei die Rechtschreibung behutsam modernisiert wurde.

In der von Kat Menschik gestalteten Reihe LIEBLINGSBÜCHER erschienen bisher: Franz Kafkas Erzählungssammlung *Der Landarzt* in der Textgestalt der Ausgabe von 1919; William Shakespeares *Romeo und Julia* in der von L.L. Schücking ergänzten und überarbeiteten Schlegel'schen Übersetzung, E.T.A. Hoffmanns *Die Bergwerke zu Falun*, Volker Kutschers *Moabit; Unheimliche Geschichten* von Edgar Allan Poe sowie das Kochbuch *Essen essen.*

5. Auflage August 2026

Verlag Galiani Berlin

Illustrationen und Umschlaggestaltung Kat Menschik
Gesetzt aus der Dolly
Satz Buch-Werkstatt GmbH, Bad Aibling
Druck und Bindung FINIDR, s.r.o., Tschechische Republik
ISBN 978-3-86971-195-9

Kontaktadresse nach EU-Produktsicherheitsverordnung:
produktsicherheit@kiwi-verlag.de

Weitere Informationen zu unserem Programm
finden Sie unter *www.galiani.de*